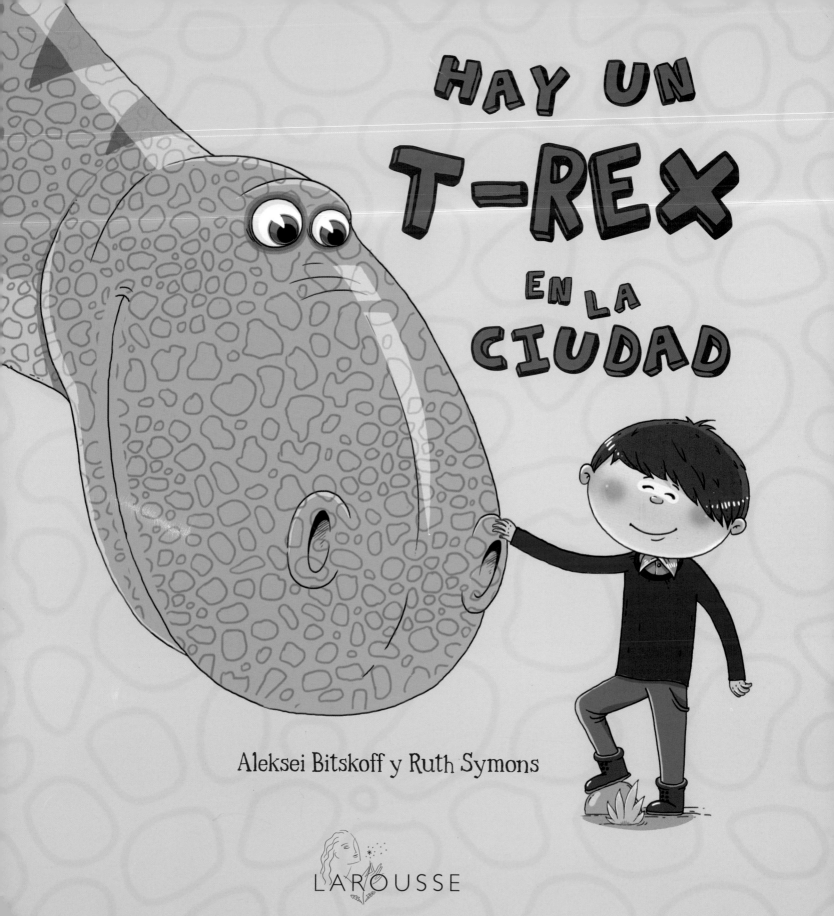

HAY UN
T-REX
EN LA
CIUDAD

Aleksei Bitskoff y Ruth Symons

LAROUSSE

EDICIÓN ORIGINAL
Diseño: Duck Egg Blue
Gerente editorial: Victoria Garrard
Gerente de diseño: Anna Lubecka
Experto en dinosarios: Chris Jarvis

EDICIÓN EN ESPAÑOL
Dirección editorial: Tomás García Cerezo
Gerencia editorial: Jorge Ramírez Chávez
Traducción: E.L., S.A. de C.V.,
con la colaboración de Adriana Santoveña Rodríguez
Formación: Susana C. Cardoso Tinoco
Corrección: Alma Martínez Ibáñez
Adaptación de portada: E.L., S.A. de C.V.,
con la colaboración de Sergio Ávila Figueroa

Título original: *There's a T-Rex in Town*

Publicado originalmente en Reino Unido en 2013
por QED Publishing
A Quarto Group company
230 City Road
Londres ECIV 2TT

D.R. © MMXIII E.L., S.A. de C.V.,
Renacimiento 180, Col. San Juan Tlihuaca,
Delegación Azcapotzalco,
México, 02400, D.F.

PRIMERA EDICIÓN, septiembre de 2013
PRIMERA REIMPRESIÓN, junio de 2015

ISBN 978-1-78171-481-2 (QED)
ISBN 978-607-21-0778-6 (Ediciones Larousse)

Impreso en China – *Printed in China*

El tiranosaurio rex era un enorme dinosaurio que comía carne.

Vivió hace alrededor de 70 millones de años, muchos millones de años antes de que aparecieran los primeros humanos.

¡Pero imagina qué pasaría si el tiranosaurio viviera ahora! ¿Cómo se las arreglaría en la vida moderna?

¿Y si el tiranosaurio fuera adoptado como mascota?

Un bebé tiranosaurio sería una gran mascota.

Pequeño y SUAVE,

incluso podría caber por una gatera.

Pero en pocos años, ¡el tiranosaurio sería demasiado grande para caber en la casa!

¿Y si el tiranosaurio fuera al parque?

¿Menearía la cola si yo
le lanzara un *frisbee*?

Sí, pero no porque estuviera feliz.

El tiranosaurio tenía que menear la cola cuando corría. Eso era porque todos sus músculos para correr estaban dentro de su...

gran cola gruesa.

¿Y si el tiranosaurio tomara educación física?

Sus pequeños brazos serían **demasiado** cortos para pararse de cabeza.

El tiranosaurio era bastante rápido corriendo. Con una velocidad de...

8 metros por segundo,

sería casi cinco veces más rápido que un niño.

¡El tiranosaurio sería fantástico levantando pesas! ¡Podría levantar 240 kilogramos o **dos hombres** muy grandes!

El tiranosaurio podía deglutir alrededor de 250 kilogramos de carne de un solo bocado.

¡Eso es casi 2000 hamburguesas!

¿Y si el tiranosaurio asistiera a una pijamada en tu casa?
¿Empacaría un cepillo de dientes?

El tiranosaurio no necesitaría cepillarse los dientes.

Le salían dientes nuevos cuando se le caían los viejos.

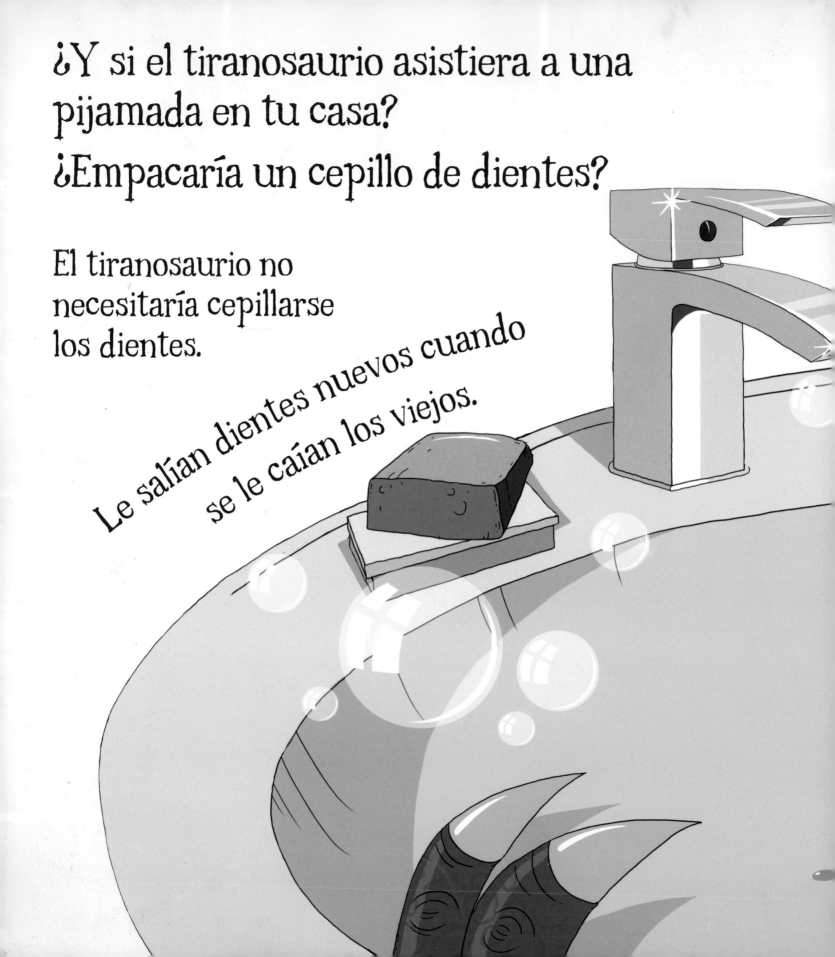

¡Algunos de sus dientes eran tan grandes como un

plátano!

¡tamaño real!

¿Necesitaría el tiranosaurio usar lentes?

No, tenía una vista excelente. ¡Era mucho mejor que la de cualquier humano!

Como un águila actual, el tiranosaurio podía ver un conejo a
5 kilómetros de distancia, ¡eso es lo que miden

500 autobuses formados en línea!

¿Y si el tiranosaurio jugara a las escondidas?

Con su **increíble** sentido del olfato,

no necesitaría buscar tu escondite.

Sólo tendría que guiarse con su nariz.

Pero el tiranosaurio sería fácil de encontrar...

¡No hay muchos lugares tan

grandes como

para esconder un dinosario!

¿Podría el tiranosaurio ayudar con el reciclaje?

Con sus **grandes** pies y **fuertes** mandíbulas, el tiranosaurio sería magnífico para **aplastar** las latas.

¡Su **mordida** es la más fuerte de todos los animales terrestres de todos los tiempos!

¡Pero asegúrate de que el tiranosaurio comprenda lo que debe hacer!

¿Y si el tiranosaurio quisiera tocar la flauta?

Le sería difícil con sólo

dos dedos

en cada mano.

Pero sería buenísimo
para tocar el tambor.

¡Pum,

pum,

pum!

El esqueleto de un tiranosaurio rex

Todo lo que sabemos sobre el tiranosaurio proviene de los fósiles, esqueletos que han estado enterrados durante miles y miles de años.

Los científicos pueden estudiar los fósiles para imaginar cómo vivían los dinosaurios en el pasado.

Eso quiere decir que sabemos mucho sobre los dinosaurios, ¡aunque nadie ha visto ninguno!

Rayos-X 1192289776981-789

Modelo núm.: nx110005206   19571862387

hueso de la cadera

cola grande y gruesa

patas largas y fuertes

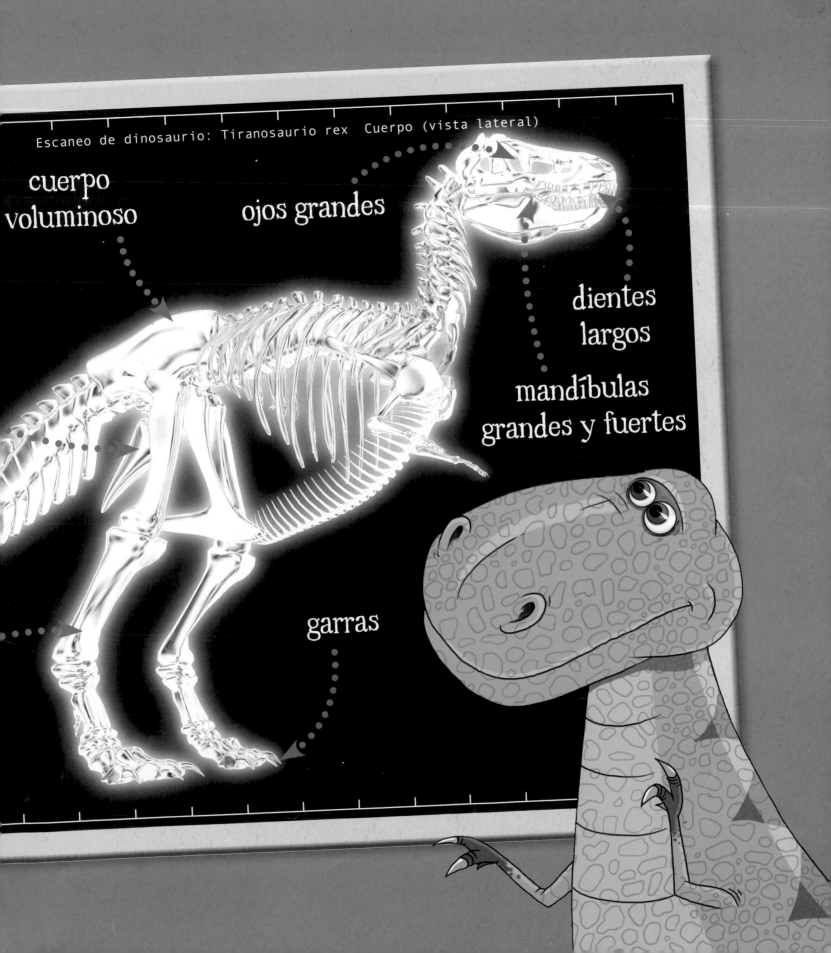

Escaneo de dinosaurio: Tiranosaurio rex Cuerpo (vista lateral)

cuerpo
voluminoso

ojos grandes

dientes
largos

mandíbulas
grandes y fuertes

garras

WYOMING, USA
Most complete T. rex skeleton found, nicknamed 'Sue' – 2001

ALBERTA, CANADA
Fossil found – 1980

SASKATCHEWAN, CANADA
Fossil skeleton found, nicknamed 'Scotty' – 1991

MONTANA, USA
Partial T. rex skull discovered – 1902

NEW MEXICO, USA
T. rex footprint found – 1983

COLORADO, USA
T. rex teeth found – 1874

WYOMING, USA
First T. rex skeleton fossil found – 1900

PASAPORTE

Tiranosaurio rex
(TI-RA-NO-SAU-RIO REX)

SU NOMBRE SIGNIFICA "REPTIL TIRANO REY"

PESO 6 TONELADAS

LONGITUD 12 METROS

ALTURA 4 METROS

HÁBITAT BOSQUES, MALEZA

DIETA ANIMALES GRANDES

T<REX<<TIRANOSAURIO<<<<<<<<<<<<<<34263954302375<<<<<<<<<<48273526291083546>>>>>>>>>